BEI GRIN MACHT SICH IHR WISSEN BEZAHLT

AF136013

- Wir veröffentlichen Ihre Hausarbeit,
  Bachelor- und Masterarbeit

- Ihr eigenes eBook und Buch -
  weltweit in allen wichtigen Shops

- Verdienen Sie an jedem Verkauf

Jetzt bei www.GRIN.com hochladen und kostenlos publizieren

Die Entstehung und Aufrechterhaltung psychischer Störungen

Risiko- und Schutzfaktoren und Einfluss sozialer Unterstützung und dysfunktionaler Kognitionen

Niclas Gallwitz

Bibliografische Information der Deutschen Nationalbibliothek:

Die Deutsche Nationalbibliothek verzeichnet diese Publikation in der Deutschen Nationalbibliografie; detaillierte bibliografische Daten sind im Internet über http://dnb.d-nb.de abrufbar.

ISBN: 9783346425317
Dieses Buch ist auch als E-Book erhältlich.

© GRIN Publishing GmbH
Nymphenburger Straße 86
80636 München

Druck und Bindung: Books on Demand GmbH, Norderstedt Germany
Gedruckt auf säurefreiem Papier aus verantwortungsvollen Quellen

Das vorliegende Werk wurde sorgfältig erarbeitet. Dennoch übernehmen Autoren und Verlag für die Richtigkeit von Angaben, Hinweisen, Links und Ratschlägen sowie eventuelle Druckfehler keine Haftung.

Das Buch bei GRIN: https://www.grin.com/document/1025608

SRH Fernhochschule – The Mobile University

Studiengang Psychologie B.Sc.

Modul: Klinische Psychologie I (Grundlagen)

Entstehung und Aufrechterhaltung psychischer Störungen

Einsendeaufgabe

Niclas Gallwitz

Inhaltsverzeichnis

Abkürzungsverzeichnis

Abb.	Abbildung
Aufl.	Auflage
bspw.	beispielsweise
bzw.	beziehungsweise
etc.	und die übrigen [Dinge] (lat.: et cetera)
Hrsg.	Herausgeber
ICD	Interational Statistical Classification of Diseases and Related Health Problems
lat.	Lateinisch
S.	Seite(n)
Vgl.	vergleiche
z.B.	zum Beispiel

Abbildungsverzeichnis

1 Bedeutung von Risiko- und Schutzfaktoren für die Entstehung psychischer Störungen

Im nachfolgenden Text wird zunächst der Begriff der Ätiologie kurz beleuchtet. Anschließend wird die Entstehung psychischer Störungen anhand des Bio-Psycho-Sozialen Modells erläutert. Abschließend werden die Unterschiede der Begriffe Risiko- und Schutzfaktoren aufgezeigt sowie unter Bezugnahme von empirischen Ergebnissen die Bedeutung dieser für die Entstehung von psychischen Störungen aufgeführt.

1.1 Ätiologie

Die Ätiologie beschäftigt sich mit den Zusammenhängen, die zur Entstehung und Aufrechterhaltung von psychischen Störungen führen.[1] Die Ursachen psychischer Störungen sind sowohl für die Behandlung als auch für die Klassifikation von hoher Bedeutung. Es wird davon ausgegangen, dass für die Entstehung mehrere Ursachen verantwortlich sind. Dies können bspw. äußere Lebensbedingungen, familiäre und soziale Einflüsse sowie kognitive und/oder emotionale Verarbeitungsprozesse sein.[2] Die Multikausalität psychischer Störungen lässt sich anhand des biopsychosozialen Modells erklären.

1.1.1 Bio-Psycho-Soziales Modell

Der amerikanische Internist und Psychiater George L. Engel (1913–1999) entwickelte 1977 das Bio-Psycho-Soziale Modell, welches sich mit dem Zusammenwirken von genetischen und physiologischen Faktoren, personellen und individuellen sowie psychosozialen und Umweltaspekten auseinandersetzt.[3] Das Modell basiert auf der Systemtheorie, die besagt, dass in einem dynamischen System die komplexeren und größeren Einheiten auf die weniger komplexen und kleineren Einheiten aufbauen. Alle Ebenen sind miteinander verbunden, sodass eine Änderung einer Ebene zu einer Änderung einer anderen Ebene führen kann,

---

[1] Vgl. Caspar, Pjanic & Westermann (2018), S. 33
[2] Vgl. Dorsch (2014)
[3] Schüßler & Brunnauer (2008), zitiert nach Kunkel (2020), S. 18

insbesondere der direkt benachbarten Ebene. Das gleiche Prinzip gilt für das menschliche System.[4]

Anmerkung der Redaktion: Dieses Bild wurde aus urheberrechtlichen Gründen entfernt.

Abbildung 1: Bio-Psycho-Soziales Modell (Quelle: https://www.uni-augsburg.de/de/fakultaet/med/profs/medpsych/lehre/schwerpunkte-lehre/bps/)

Bedingungen, die die psychologische Gesundheit beeinflussen können, werden als Risiko- und Schutzfaktoren bezeichnet. Auf der Grundlage des Bio-Psycho-Sozialen Modells kann eine psychische Erkrankung also als Wechselwirkung zwischen Risiko- und Schutzfaktoren beschrieben werden.[5]

1.2 Risikofaktoren

Als Risikofaktoren werden Faktoren bezeichnet, die die Entwicklung sowie die Anpassung an die Umwelt negativ beeinflussen können. Dabei unterscheidet man zwischen biologischen und psychologischen Faktoren. Biologische Risikofaktoren können genetische Disposition (erhöhte Anfälligkeit für die Ausbildung von Krankheiten), pränatale Schädigungen (schädliche Einflüsse auf den Embryo), perinatale Schädigungen (Geburtskomplikationen) oder postnatale Schädigungen (nach der Geburt eingetretene Hirnschädigungen) sein. Die psychosozialen Risikofaktoren gliedern sich in dysfunktionale familiäre Beziehungen, psychische Krankheiten, inadäquate Erziehungsbedingungen, Belastungen durch die unmittelbare Umgebung sowie gesellschaftliche Belastungsfaktoren.[6] Die genannten Risikofaktoren können zudem in zwei Gruppen eingeteilt werden. Strukturelle Faktoren sind grundlegend konstant und können nicht verändert werden. Als Beispiel lässt sich das Geschlecht oder die ethnische Zugehörigkeit anbringen.[7] Auch lassen sich diese nicht durch Intervention oder Prävention ändern.[8] Die zweite Gruppe bilden die variablen Faktoren. Diese sind mithilfe von Interventionsmaßnahmen veränderbar. Dabei wird wiederum unterschieden

---

[4] Vgl. Berberich (2014), S. 1-4
[5] Steinhausen (2010), zitiert nach Kunkel (2020), S. 20
[6] Vgl. Buddeberg (2004), S. 165-166
[7] Vgl. Bröske (2001), S. 6-11
[8] Scheithauer & Petermann (2002), zitiert nach Kunkel (2020), S. 21

zwischen diskreten und kontinuierlichen Faktoren. Diskrete Faktoren bezeichnen eine unmittelbare Veränderung wie z.B. ein plötzlicher Schicksalsschlag. Kontinuierliche Faktoren verändern sich hingegen in ihrem Ausmaß und ihren Auswirkungen über einen längeren Zeitraum. Die Eltern-Kind-Beziehung kann dabei als Beispiel genannt werden.[9] Neben den genannten biologischen Risikofaktoren, liegen die psychosozialen Risikofaktoren in der Erziehung, in der familiären Struktur, in Belastungen durch Lebensereignissen, in der außerfamiliären Umwelt (Peergroups), in der Nutzung von Medien sowie im Konsum von Alkohol und anderen Drogen.[10] Generell machen genannte Risikofaktoren ein Individuum für eine psychische Störung anfälliger.[11] Das Entscheidende ist dabei nicht die objektive Belastung, sondern eine Kombination aus subjektivem Schweregrad, Belastungszeit und Anzahl der Belastungen sowie anderen Risiko- und Schutzfaktoren des Betroffenen.[12]

1.3 Schutzfaktoren

Schutzfaktoren bilden den positiven Gegenbegriff zu Risikofaktoren. Sie beschreiben Merkmale, die die möglichen negativen Auswirkungen von Risikofaktoren verringern oder verhindern können. Nur wenn der Schutzfaktor zeitlich vor dem Risikofaktor liegt, kann er auch als Schutz dienen. Wenn keine Risikofaktoren vorhanden sind, sind die Schutzfaktoren nicht anwendbar.[13] Auch hierbei wird zwischen zwei Gruppen von Schutzfaktoren unterschieden. Zum einen die personalen Schutzfaktoren und zum anderen die sozialen Schutzfaktoren.[14] Zu den personalen Schutzfaktoren lassen sich bspw. ein positives Sozialverhalten, ein stabiles positives Selbstwertgefühl, ein günstiges Temperament, gute Problemlösestrategien, eine emotional sichere Beziehung zu mindestens einer Bezugsperson oder ein anregendes Erziehungsklima einordnen. Als soziale Schutzfaktoren können stabile Freundschaften oder eine familiäre Unterstützung bezeichnet werden.[15] Schutzfaktoren schwächen den Einfluss von Risikofaktoren ab oder

---

[9] Vgl. Bröske (2001), S. 6-11
[10] Vgl. Kunkel (2020), S. 24-28
[11] Munsch (2011), zitiert nach Caspar (2018), S. 97
[12] Lambert (2013), zitiert nach Kunkel (2020), S. 20
[13] Rutter (1987), zitiert nach Kunkel (2020), S. 21
[14] Vgl. Herriger (2006), S. 184
[15] Petermann (2000), zitiert nach Bröske (2001), S. 6-11

verhindern sogar das Auftreten.[16] Risikofaktoren beeinflussen durch eine Wechselwirkung mit Schutzfaktoren die Entwicklung von psychischen Krankheiten. Das Ziel einer Intervention ist es, etwaige Faktoren zu identifizieren und die Bedingungen zu ermitteln, die eine gesunde Entwicklung gefährden.[17]

2 Einfluss sozialer Unterstützung und dysfunktionaler Kognitionen auf die Entstehung und Aufrechterhaltung psychischer Störungen

Im Folgenden wird zunächst der Begriff der sozialen Unterstützung anhand des Haupteffektmodells sowie des Puffereffektmodells erläutert. Zudem wird auf einige negative Aspekte der sozialen Unterstützung eingegangen. Anschließend wird der Begriff dysfunktionaler Kognitionen mit Bezugnahme auf die kognitive Therapie nach Beck sowie die Rational-emotive Verhaltenstherapie nach Ellis erklärt. Sowohl bei der Erläuterung der sozialen Unterstützung als auch bei der Erklärung dysfunktionaler Kognitionen wird der Einfluss auf die Entstehung und Aufrechterhaltung psychischer Störungen anhand oben genannter theoretischer Modelle und empirischer Ergebnisse herausgearbeitet.

2.1 Begriffserklärung der sozialen Unterstützung

Soziale Unterstützung bezeichnet die Wahrnehmung, dass die eigenen Bedürfnisse von anderen erkannt werden und auf diese entsprechend reagiert wird. Eine Unterstützung anderer Menschen sorgt dafür, dass die eigenen Probleme leichter bewältigt werden können.[18] Bei der sozialen Unterstützung geht es vor allem darum, positive, gesundheitsförderliche und soziale Beziehungen zu pflegen.[19] Das gemeinsame Ziel der sozialen Interaktion zwischen Unterstützer und Unterstütztem liegt darin, eine Veränderung eines Problemzustands oder das Ertragen einer bestimmten Situation hervorzurufen. Bereits das alleinige Wissen einer Person darüber, dass sie von anderen umsorgt, geschätzt und geliebt wird,

---

[16] Baierl (2010), zitiert nach Schickler (2010), S. 14-15
[17] Laucht, Esser & Schmidt (2000), zitiert nach Kunkel (2020), S. 20
[18] Vgl. Aronson, Wilson & Akert (2008), S. 505
[19] Vgl. Badura (1988), S. 79-85

kann für positive Veränderungen sorgen.[20] Im psychologischen Sinne äußert sich soziale Unterstützung in Form von Bindung (Nähe, Geborgenheit, Vertrauen), Selbstwertunterstützung (Selbstwertaufbau und -verstärkung), Kontakt (Geselligkeit, Interaktion, Zugehörigkeit in Netzwerken), emotionaler Unterstützung (Aussprache, Ventilation, Aufmunterung) und kognitiver Unterstützung (Klärung, Orientierung, Problemlösung).[21] Die Wirkung von sozialer Unterstützung steht vor allem im Zusammenhang mit Distress, also negativem Stress, z.B. in Form von negativer Befindlichkeit, Depression oder anderen psychischen Krankheiten.[22] Soziale Unterstützung kann während dem Verlauf einer Krankheit dazu beitragen, diese besser zu bewältigen. Betroffene sind häufig einer enormen Stresssituation ausgesetzt. Besteht allerdings die Möglichkeit, über seine Probleme und Ängste zu sprechen, kann dies dazu führen, dass sich die seelische Verfassung verbessert und Ängste sich abbauen. Eine alleinige Bewältigung solcher Probleme kann hingegen negative Folgen auf die Gesundheit haben.[23] Für die Erklärung der Wirkung sozialer Unterstützung lassen sich zwei Modelle abgrenzen, die im Folgenden näher erläutert werden.

2.1.1 Haupteffektmodell

Das Haupteffektmodell geht davon aus, dass soziale Unterstützung einen direkten positiven Einfluss auf die psychische Gesundheit hat, unabhängig davon wie hoch bzw. intensiv ein Stressfaktor ist.[24] Das bedeutet, dass die alleinige zur Hilfe stehende Unterstützung ausreicht, um einen positiven Effekt auf die Gesundheit hervorzurufen. Dabei geht es in erster Linie um die wahrgenommene Unterstützung.[25] Das Wohlbefinden ändert sich dann, wenn die Wirkung von Stress und sozialer Unterstützung ungleich ist. Dabei wird davon ausgegangen, dass die soziale Unterstützung die Gesamtauswirkung bestimmter Umstände auf das Wohlbefinden des Einzelnen übersteigt. Daher ist für das Haupteffektmodell keine spezifische Stresssituation erforderlich.[26]

---

[20] Vgl. Niemann (2019), S. 56
[21] Laireiter, zitiert nach Niemann (2019), S. 57
[22] Vgl. Schwarzer & Leppin (1989), S. 30
[23] Vgl. Aronson, Wilson & Akert (2008), S. 505
[24] Vgl. Cohen & Wills (1985)
[25] Vgl. Kienle (2006), S. 114-115
[26] Diewald (1991), zitiert nach Rogler (2012), S. 15

Haupteffektmodell

soziale Unterstützung birgt ein **direkten positiven Effekt** auf die (psychische) Gesundheit

Soziale Beziehungen   ⟶   psychische Störungen / psychosoziale Belastungen

Abbildung 2: Haupteffektmodell (Quelle: eigene Darstellung)

2.1.2 Puffereffektmodell

Das Stress-Puffer-Modell geht, im Gegensatz zum Haupteffektmodell, von einer Wechselwirkung zwischen belastenden Stresssituationen und sozialer Unterstützung aus.[27] Je geringer die soziale Unterstützung, desto weniger ist die betroffene Person vor den Folgen einer Stressbelastung geschützt. Das bedeutet, soziale Unterstützung hat lediglich dann einen Effekt, wenn der Mensch einem hohen Maß an Stress ausgesetzt ist.[28] Das Modell geht somit davon aus, dass soziale Unterstützung nicht generell als Prädiktor, sondern als Moderator von Distress angesehen wird.[29] Zudem bezieht sich das Puffereffektmodell auf die tatsächlich erhaltene soziale Unterstützung und nicht auf die wahrgenommene.

Stress-Puffer-Modell

soziale Unterstützung **reduziert/verhindert** psychische Störungen

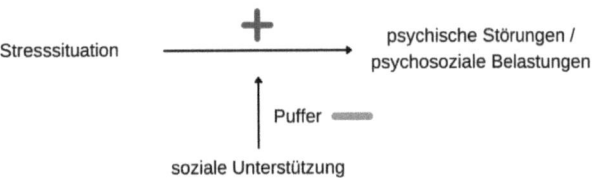

Stresssituation   ⟶   psychische Störungen / psychosoziale Belastungen

Puffer

soziale Unterstützung

Abbildung 3: Puffereffektmodell (Quelle: eigene Darstellung)

---

[27] Vgl. Cohen & Wills (1985)
[28] Vgl. Schwarzer & Leppin (1989), S. 33
[29] Vgl. Dorsch (2014)

2.1.3 Negativer Einfluss sozialer Unterstützung

Individuelles Wohlbefinden entsteht durch die kontinuierliche Wechselwirkung zwischen dem sozialen Umfeld und den Gedanken bzw. Gefühlen. Die soziale Umwelt hat somit einen positiven Einfluss darauf, wie mit chronischen Krankheiten umgegangen wird. Verstärkte Anerkennung oder Ermunterung, aber auch kommunikative oder praktische Hilfestellung bei der Problembewältigung, spielen dabei eine Rolle. Dennoch kann soziale Unterstützung auch negative Folgen haben. So kann es bspw. passieren, dass der Unterstützte das Gefühl entwickelt von anderen abhängig bzw. auf Hilfe angewiesen zu sein, was, entgegen dem Sinne von sozialer Unterstützung, zu weiteren Stressbelastungen führen kann.[30] Zudem gibt es weitere Faktoren, die einen negativen Einfluss haben können. Dabei geht es vor allem um die Absicht der Unterstützung, die Wahrnehmung und Interpretation des Empfängers sowie die Unterstützungswirkung. Bspw. hat die soziale Unterstützung keinen Effekt, wenn diese vom Empfänger nicht als unterstützend wahrgenommen wird. Dies liegt z.B. daran, dass es dem Unterstützer an sozialer Kompetenz mangelt. Auch kann es vorkommen, dass sich der Unterstützte missverstanden fühlt, wenn seine Unterstützungserwartungen nicht erfüllt werden. Exzessive Hilfe ist ebenfalls eine Form von uneffektiver Unterstützung. Ein überengagiertes Verhalten des Unterstützers kann beim Empfänger zu Abhängigkeit führen. Zudem spielt die Beziehung zwischen Unterstützer und Unterstütztem eine wichtige Rolle. Diese kann als belastend erlebt werden, wenn sie geprägt ist durch mangelnde Reziprozität, Abhängigkeit, Kontrolle, Ablehnung, Abwertung oder Angst.[31] Grundlegend haben alle genannten Faktoren ein erhöhtes Stressrisiko zur Folge. Viele Menschen empfinden Scham, wenn sie Hilfe benötigen. Das führt dazu, dass ihr Selbstwert sinkt und die soziale Unterstützung dementsprechend nicht den Effekt hat, der eigentlich erzielt werden soll.

2.2 Begriffserklärung der dysfunktionalen Kognition

Der Begriff der Kognition beschreibt allgemein alle gedanklichen und geistigen Prozesse und Strukturen wie Wahrnehmungs-, Schlussfolgerungs-, Erinnerungs-

---

[30] Vgl. Kienle (2006), S. 116
[31] Schwarzer & Leppin (1989); Laireiter & Lettner (1993), zitiert nach Rogler (2012), S. 19-20

, Denk-, Entscheidungsprozesse sowie Erwartungen und Überzeugungen.[32] Kognitionen dienen vor allem dazu, bestimmte Ziele zu erreichen und Probleme zu beseitigen. Sie sind eine Art funktionale Problemlöseprozesse.[33] Werden diese Prozesse gestört, entsteht daraus eine dysfunktionale Kognition. Das Wort dysfunktional beschriebt dabei eine ineffiziente Leistungsfähigkeit bzw. mangelhafte Funktion. Vereinfacht ausgedrückt bedeutet dysfunktionale Kognition also „Denkfehler" bzw. nicht zielführende Denkprozesse. Die dysfunktionale Kognition wirkt sich dabei negativ auf die psychische Gesundheit aus und beeinträchtigt das Wohlbefinden. Dies äußert sich in Frustration, Enttäuschung, geringer Leistung oder langsamer Zielannäherung.[34] Vor allem bei psychischen Störungen wie bspw. der Depression ist die dysfunktionale Kognition allgegenwärtig und ausschlaggebend für dessen Entstehung.

2.2.1 Modell der dysfunktionalen Kognition nach Beck

Der amerikanische Psychiater und Psychotherapeut Aaron T. Beck geht in seinem Modell der dysfunktionalen Kognition von der Annahme aus, dass eine verzerrte Sicht der Realität für die Entstehung und Aufrechterhaltung von psychischen Störungen verantwortlich ist. Betroffene haben eine negative Sicht auf sich selbst, die Umwelt sowie die Zukunft. Beck bezeichnet dies als sogenannte kognitive Triade.[35] Diese Sichtweisen führen bei den Betroffenen meist zu Hoffnungslosigkeit, Selbstkritik und geringer Selbstachtung.[36] Um die Theorie zu verdeutlichen, wird diese anhand eines einfachen Beispiels erläutert. Person X geht unbewusst von der Grundannahme aus, dass wenn sie nicht von allen ihr wichtigen Menschen geliebt werde, sei sie ein „Nichts". Anschließend macht Person X die konkrete Beobachtung, dass Person Y sie nicht liebt. Daraus folgt die eigene Schlussfolgerung, die als automatischer Gedanke eher bewusst ist, Person X ist ein „Nichts".

---

[32] Vgl. Gerrig & Zimbardo (2018), S. 13
[33] Anderson (2001); Sauerland (2018), zitiert nach Waldeyer (2020), S. 12
[34] Sauerland (2018), zitiert nach Waldeyer (2020), S. 12
[35] Wilken (2003), zitiert nach Sonntag (2011), S. 15
[36] Beesdo-Baum & Wittchen (2011), zitiert nach Waldeyer (2020), S. 12

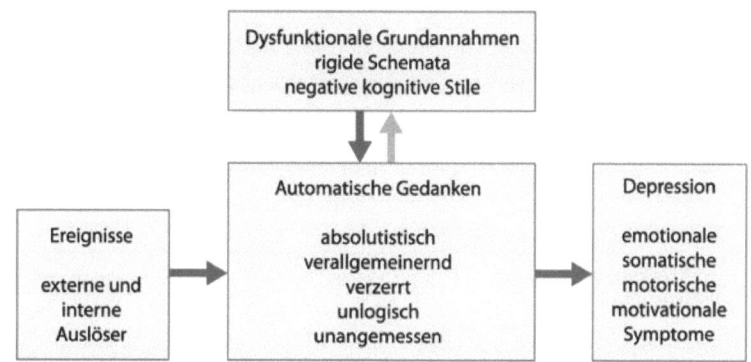

Abbildung 4: Das kognitive Depressionsmodell nach Beck (Quelle: Berking & Rief, 2012)

Betroffene weisen typische Fehler auf, die schlussendlich zur Entstehung und Aufrechterhaltung von Depressionen führen. Darunter willkürliches Schlussfolgern, selektives Verallgemeinern, Übergeneralisieren, Maximieren und Minimieren, Personalisieren sowie verallgemeinertes und dichotomes Denken. Das Kriterium für die Dysfunktionalität einer Kognition liegt in der mangelnden Realitätsnähe des Betroffenen. Daher ist das Hauptziel des therapeutischen Ansatzes nach Beck, die verzerrten Kognitionen in eine realitätsnahe Wahrnehmung zu lenken. Dabei soll der Betroffene lernen, die negativen Schemata selbst zu identifizieren und zu verändern, um mögliche Rückfälle in der Zukunft vermeiden zu können.[37]

2.2.2 Rational-emotive Verhaltenstherapie nach Ellis

Auch die Rational-emotive Therapie (RET) des amerikanischen Psychologen Albert Ellis beschreibt die Entstehung dysfunktionaler Funktionen. Ellis geht von der Annahme aus, dass emotionale und Verhaltenskonsequenzen des Individuums nicht etwa durch ein bestimmtes Ereignis ausgelöst werden, sondern vielmehr durch irrationale Bewertung dieser Ereignisse hervorgerufen werden. Dieser Annahme liegt die sogenannte ABC-Theorie zugrunde. Das **A** steht dabei für Activating Event, also ein auslösendes Ereignis, wie z.B. der Tod eines Familienangehörigen oder andere Schicksalsschläge. Das **B** beschreibt die Beliefs, also

---

[37] Wilken (2003), zitiert nach Sonntag (2011), S. 16-18

die Bewertung des Ereignisses. Diese erfolgt auf Grund bestimmter, bewusster oder unbewusster Überzeugungen des Betroffenen, die in der auslösenden Situation aktiviert werden. Das **C** steht für Consequences, also die emotionalen Reaktionen, die auf das Ereignis folgen.

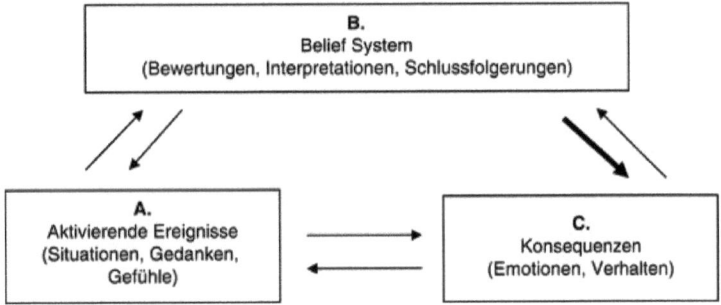

Abbildung 5: ABC-Theorie nach Ellis (Quelle: Behnke, 2016)

Ellis beschreibt in seiner Theorie vier Grundkategorien von irrationalen Überzeugungen. Zum einen beschreibt er die absoluten Forderungen, bei denen der Betroffene von sogenannten Muss-Gedanken („Ich muss…", „Die anderen müssen…") überzeugt ist. Dann die globale-negative Selbst- und Fremdbewertung, im Sinne von Gedanken, wertlos zu sein. Zudem erwähnt Ellis das sogenannte Katastrophendenken, wobei sich der Betroffene eine negative Situation vorstellt („es wäre fürchterlich, wenn…"). Zuletzt ordnet Ellis die niedrige Frustrationstoleranz in die Grundkategorien der irrationalen Überzeugungen ein („Ich könnte es nicht aushalten, wenn…"). Das Ziel der Verhaltenstherapie nach Ellis ist es, die irrationalen Bewertungen des Betroffenen, die letztendlich zur Entstehung und Aufrechterhaltung von psychischen Störungen führen, zu verändern.[38]

---

[38] Wilken (2003), zitiert nach Sonntag (2011), S. 10-14

3 Der diagnostische Prozess im Rahmen psychotherapeutischer Intervention

Im Folgenden wird zunächst der diagnostische Prozess grundlegend erläutert. Anschließend werden anhand des Beispiels der Depressionsdiagnostik die einzelnen Schritte des diagnostischen Prozesses im Rahmen psychotherapeutischer Interventionen beschrieben.

3.1 Der diagnostische Prozess

Allgemein kann der diagnostische Prozess als eine systematische Abfolge psychodiagnostischer Handlungen definiert werden, die das Ziel haben, entscheidungsrelevante Informationen über eine Person tätigen zu können.[39] Zu Beginn des Prozesses steht zunächst die Anfangs- und Orientierungsphase. In dieser Phase gilt es, eine aufkommende Fragestellung zu definieren und herauszufinden, ob diese nach wissensbasierter Prüfung sowie rechtlicher und ethischer Abwägung durch den Diagnostiker beantwortet werden kann. Anschließend folgt die Planungsphase. In dieser Phase wird die Frage in eine begründbare und prüfbare Hypothese umgewandelt und mittels psychologischer Verfahren erörtert, wie notwendige Daten erhoben werden können. In dieser Phase findet meist ein Vorgespräch zur allgemeinen Orientierung statt. In der dritten Phase, der Durchführungsphase, folgt dann die Erhebung von Daten mithilfe der zuvor ausgewählten Verfahren. Darauf folgt die Evaluationsphase, in der die erhobenen Daten gemäß vorherigen Annahmen klassifiziert, komprimiert und interpretiert werden. Reichen die Ergebnisse aus, um die aufgestellte Hypothese beantworten zu können, werden diese in einem persönlichen Gespräch oder in einem schriftlichen Gutachten (Psychologisches Gutachten) dargelegt.[40]

---

[39] Langfeldt & Tent (1999), zitiert nach Dorsch (2021)
[40] Vgl. Dorsch (2021)

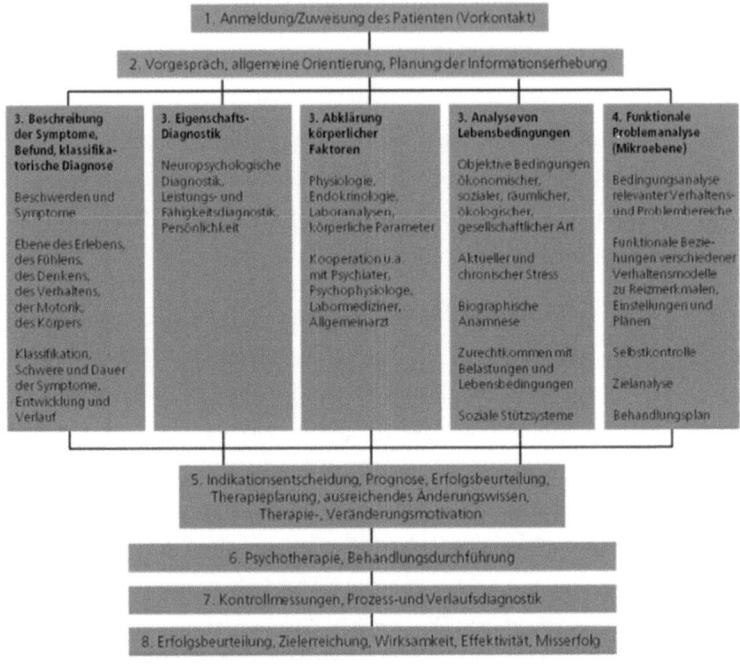

Abbildung 6: Der diagnostische Prozess (Quelle: Wittchen & Hoyer (2011), S. 386)

3.2 Depressionsdiagnostik

Auf Grundlage der oben dargelegten Theorie wird im Folgenden der Prozess der Depressionsdiagnostik beschrieben. Depressionen zählen zu den häufigsten psychischen Störungen. Die Hauptmerkmale von depressiven Störungen sind verminderte Laune, mangelndes Interesse und Antriebslosigkeit. Darüber hinaus treten häufig verschiedene körperliche Beschwerden auf. Depressive Menschen sind meist in ihrer gesamten Lebensweise beeinträchtigt. Es ist schwierig oder unmöglich für sie, mit alltäglichen Aufgaben fertig zu werden, und sie leiden unter intensiven Selbstzweifeln, Unaufmerksamkeit und Kontemplation. Zudem ist eine Depression mit einem hohen Schmerzniveau verbunden, da diese Krankheit einen enormen Einfluss auf das Wohlbefinden und das Selbstwertgefühl des Betroffenen hat.[41] Am Anfang des diagnostischen Prozess steht, wie oben bereits

---

[41] Cassano & Fava (2002); Wittcchen, Müller & Schmidtkunz (2000), zitiert nach Härter, Jansen, Kriston, Leucht & Berger (2015), S. 17

beschrieben, eine Fragestellung. Diese könnte im Beispiel der Depressionsdiagnostik simpel lauten: „Bin ich depressiv?". Eine notwendige Bedingung, um eine klare Aussage auf die Fragestellung geben zu können, ist eine eindeutige Definition der Symptome. Nach dem internationalen Klassifizierungssystem ICD-10 (International Statistical Classification of Diseases and Related Health Problems) sind die Hauptsymptome einer Depression gedrückte Stimmung, Interessenverlust und Freudlosigkeit sowie Antriebslosigkeit mit erhöhter Ermüdung bei Aktivitäten. Zusätzliche Nebensymptome sind nach dem ICD-10 verminderte Konzentration und Aufmerksamkeit, vermindertes Selbstwertgefühl und Selbstvertrauen, Schuldgefühle und Gefühle von Wertlosigkeit, negative und pessimistische Zukunftsgedanken, Suizidgedanken und erfolgte Selbstverletzungen, Schlafstörungen sowie Appetitlosigkeit. Zudem spielt die Dauer eine Rolle. Das ICD-10 definiert das Andauern der Symptome von mindestens 14 Tagen, damit eine entsprechende Diagnose gestellt werden kann.[42] Im zweiten und dritten Schritt des Diagnoseprozess gilt es die Symptome des Betroffenen zu erfassen. Dabei lässt sich zwischen Selbst- und Fremdbeurteilungsverfahren unterscheiden.[43] Für eine Selbstbeurteilung eignen sich vor allem Fragebögen. Der Gesundheitsfragebogen für Patienten (PHQ-D) wurde bspw. entwickelt, um psychische Störungen zu erkennen. Neben somatoformen Störungen, Angststörungen oder Essstörungen erfasst dieser vor allem depressive Störungen, Panikstörungen und die psychosoziale Funktionsfähigkeit. Des Weiteren lässt auch der Schweregrad einer Depressivität bestimmen. Der Fragebogen dient sowohl zur Ersterfassung als auch zur Verlaufsbeurteilung von depressiven Störungen.[44] Selbstbeurteilungsverfahren sind zeitökonomisch einsetzbar und können effektiv das Vorliegen depressiver Störungen erfassen. Der Nachteil ist allerdings, dass Urteilsfehler auftreten können.[45] Für Fremdbeurteilungsverfahren sind vor allem Interviewleitfäden geeignet. Auch hierbei gibt es verschiedene Skalen, die anhand von bestimmten Fragestellungen depressive Symptomatik ermitteln. Eine einfache Möglichkeit zur schnellen Erfassung einer depressiven Störung bietet z. B. der sogenannte Zwei-Fragen-Test. Dieser beinhaltet die Fragen „Fühlten Sie sich im letzten Monat häufig niedergeschlagen, traurig bedrückt oder hoffnungslos?" sowie „Hatten

---

[42] Vgl. Härter, Jansen, Kriston, Leucht & Berger (2015), S. 29-30
[43] Fischer (1988), zitiert nach Härter, Jansen, Kriston, Leucht & Berger (2015), S. 44
[44] Vgl. Löwe, Spitzer, Zipfel & Herzog (2002), S. 3
[45] Vgl. Berger (2019), S. 35

Sie im letzten Monat deutlich weniger Lust und Freude an Dingen, die Sie sonst gerne tun?".[46] Fragebögen sind valide diagnostisches Hilfsmittel, um eine Depression frühzeitig zu erkennen sowie dessen Verlauf zu kontrollieren. Nur wenn alle relevanten Haupt- und Nebensymptome erhoben werden, ist eine entsprechende Diagnose möglich. Neben Symptomen sollte zudem auf Körperpflege, Kleidung, Gestik, Mimik und Physiognomie wie auch auf den körperlichen Allgemeinzustand geachtet werden. Auch das Sprechverhalten und vor allem der sprachliche Ausdruck sowie das Sprachverständnis können bei depressiven Störungen beeinträchtigt sein.[47] Nur eine vollständige Erfassung von Daten und Informationen lässt eine differenzierte Diagnostik und eine adäquate Klassifizierung, Komprimierung und Interpretation der erhobenen Daten zu. Bei Verdacht auf Depression sollte zunächst geklärt werden, ob sich die Stimmung und / oder der Antrieb ändert. Es sollte geklärt werden, ob diese Veränderung der Stimmung und des Antriebs eher auf depressive Symptome oder eine andere psychische Störung zurückzuführen ist. Darüber hinaus sollten physische Ursachen, insbesondere organische Gehirnursachen oder Ursachen durch den Gebrauch oder Missbrauch von psychotropen Substanzen, ausgeschlossen werden. Wenn diese Ursachen ausgeschlossen sind, sollte eine Depression diagnostiziert werden, indem die Zusatzsymptome und der vorherige Krankheitsverlauf genau bestimmt werden.[48]

---

[46] Whooley, Avins & Miranda (1997), zitiert nach Härter, Jansen, Kriston, Leucht & Berger (2015), S. 35
[47] Vgl. Härter, Jansen, Kriston, Leucht & Berger (2015), S. 36-38
[48] Vgl. Härter, Jansen, Kriston, Leucht & Berger (2015), S. 43

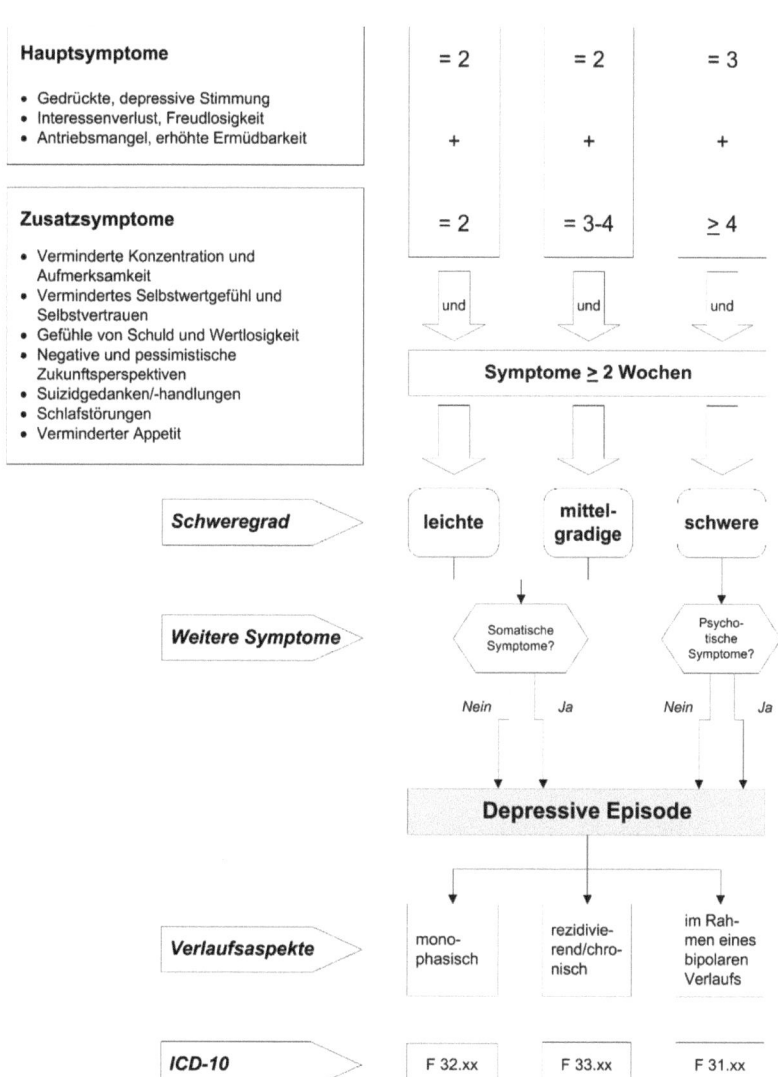

Abbildung 7: Depressionsdiagnostik nach ICD-10 Kriterien (Quelle: Härter, Jansen, Kriston, Leucht & Berger (2015), S. 33, mod. nach Posternak, Solomon & Leon, 2006)

Literaturverzeichnis

Aronson, E.; Wilson, T.D.; Akert, R.M. (2008). Sozialpsychologie. (6. Aufl.). München: Pearson Studium.

Ätiologie. (2021). In M. A. Wirtz (Hrsg.), Dorsch – Lexikon der Psychologie. Bern: Verlag Hogrefe Verlag. https://dorsch.hogrefe.com/stichwort/aetiologie, Zugriff am 01.04.2021

Badura, B. (1988). Soziale Unterstützung und gemeindenahe Versorgung. In Technische Universität Berlin, Institut für Soziologie (Hrsg.), Sozial- und Präventivmedizin. Berlin.

Behnke, K. (2016). Eine Meta-Theorie für die Erklärung des Umgangs von Individuen mit Feedback: Die rational-emotive Verhaltenstherapie nach Albert Ellis. In: Umgang mit Feedback im Kontext Schule. Psychologie in Bildung und Erziehung: Vom Wissen zum Handeln. Wiesbaden: Springer. https://doi.org/10.1007/978-3-658-10223-4_6, Zugriff am 31.03.2021.

Berberich, H.J. (2014). Das biopsychosoziale Modell von Krankheit und Gesundheit. In: Michel M., Thüroff J., Janetschek G., Wirth M. (Hrsg.). Die Urologie. Berlin, Heidelberg: Springer.

Berger, M. (2019). Psychische Erkrankungen: Klinik Und Therapie (6. Aufl.) Deutschland: Elsevier Health Sciences.

Berking, M.; Rief, W. (2012). Affektive Störungen und Suizidalität. In: Berking M., Rief W. (Hrsg.) Klinische Psychologie und Psychotherapie für Bachelor. Berlin, Heidelberg: Springer. https://doi.org/10.1007/978-3-642-16974-8_4, Zugriff am 31.03.2021.

Bröske, D. (2001). Psychosoziale Risikofaktoren für die Persönlichkeitsentwicklung körperbehinderter und sehgeschädigter Kinder. München: GRIN Verlag.

Buddeberg, C. (2004). Psychosoziale Medizin (3. Aufl.). Berlin, Heidelberg: Springer.

Cohen, S., & Wills, T. A. (1985). Stress, social support, and the buffering hypothesis. Psychological Bulletin, 98(2), 310–357.

Diagnostischer Prozess. In M. A. Wirtz (Hrsg.), Dorsch – Lexikon der Psychologie. Bern: Verlag Hogrefe Verlag. https://dorsch.hogrefe.com/stichwort/diagnostischer-prozess, Zugriff am 08.04.2021.

Härter, M.; Jansen, A.; Kriston, L.; Leucht, S.; Berger, M. (2015). S3-Leitlinie/NVL Unipolare Depression. Langfassung (2. Aufl.)

Herriger, N. (2006). Empowerment in der Sozialen Arbeit: eine Einführung (3. Aufl.). Stuttgart: Kohlhammer.

Kienle, R. (2006). Soziale Ressourcen und Gesundheit: soziale Unterstützung und dyadisches Bewältigen. In: Renneberg B., Hammelstein P. (Hrsg.) Gesundheitspsychologie. Berlin, Heidelberg: Springer.

Kunkel, J.C. (2020). Psychosoziale Risiko- und Schutzfaktoren bei Jugendlichen mit psychischen Erkrankungen in stationärer Behandlung. Dissertation zum Erwerb des Doktorgrades der Medizin an der Medizinischen Fakultät der Ludwig-Maximilians-Universität zu München.

Löwe, B.; Spitzer, R.L.; Zipfel, S.; Herzog, W. (2002). Manual. Komplettversion und Kurzform. Autorisierte deutsche Version des „Prime MD Patient Health Questionnaire (PHQ) (2. Aufl.). Heidelberg / New York: Pfizer.

Niemann, D. (2019). Die Rolle des Partners und der Partnerin bei der Bewältigung arbeitsbedingter Belastungen. Gesundheitspsychologie. Wiesbaden: Springer Fachmedien.

Rogler, C. (2012). Staatsexamen Lehramt Gymnasium. Entwicklung eines Interventionsprogramms zur Bewegungsförderung. München: GRIN Verlag.

Schickler, A. (2010). Die Bedeutung von Resilienz für die Prävention von Störungen des Sozialverhaltens im Kindes- und Jugendalter. München: GRIN Verlag.

Schwarzer, R.; Lepping, A. (1989), Sozialer Rückhalt und Gesundheit. Göttingen; Toronto; Zürich: Verlag für Psychologie Hogrefe.

Sonntag, D. (2011). Einführung in die Kognitive Umstrukturierung. https://www.lsgbayern.de/fileadmin/user_upload/lsg/BAS_Materialien/Kognitive_Umstrukturierung_LSG_DrDilekSonntag_25072011_freigegeben.pdf, Zugriff am 31.03.2021.

Stress-Puffer-Modell. (2021). In M. A. Wirtz (Hrsg.), Dorsch – Lexikon der Psychologie. Bern: Verlag Hogrefe Verlag. https://dorsch.hogrefe.com/stichwort/stress-puffer-modell, Zugriff am 30.03.2021.

Waldeyer, S. (2020). Der Einfluss dysfunktionaler Kognitionen auf das Stressempfinden und die Stressbewältigung berufstätiger Erwachsener. München: GRIN Verlag.